LE FOYER ET LES CHAMPS.

POÉSIES

PAR

Georges RODENBACH.

SOCIÉTÉ GÉNÉRALE DE LIBRAIRIE CATHOLIQUE,

PARIS.	BRUXELLES.
Victor PALMÉ	G LEBROCQUY
DIRECTEUR-ADMINISTRATEUR,	DIRECTEUR DE LA SUCCURSALE,
25, RUE GRENELLE.	5, PLACE DE LOUVAIN.

1877

LE FOYER ET LES CHAMPS.

POÉSIES.

LE FOYER ET LES CHAMPS.

POÉSIES

PAR

Georges **RODENBACH**.

SOCIÉTÉ GÉNÉRALE DE LIBRAIRIE CATHOLIQUE,

PARIS,	BRUXELLES.
Victor PALMÉ,	**G. LEBROCQUY**,
DIRECTEUR-ADMINISTRATEUR,	DIRECTEUR DE LA SUCCURSALE,
25, RUE GRENELLE.	5, PLACE DE LOUVAIN.

1877

DEUX PAYSAGES.

Effet de Soleil.

Beatus ille qui procul negotiis.
HORACE. Epod. II.

Oh ! que j'aime les paysages
De notre beau pays flamand.
Pour moi, les rêveurs sont des sages
Lorsqu'ils cherchent l'isolement.

Car on se sent le cœur plus libre
Loin du monde vil et banal,
Devant la nature qui vibre
Et chante l'hymne matinal.

Dans la musique de l'aurore
Frémissent les arbres mouvants,
Comme un grand orchestre sonore
Que domine la voix des vents.

Le ruisseau tombe en cataracte
Sous un rustique pont de bois ;
Les oiseaux donnent sans entr'acte
Leur gai concert au fond des bois.

L'insecte au dos luisant, qui glisse
Dans le gouffre d'un filet d'eau,
Sur quelque brin d'herbe se hisse
Et le conduit comme un radeau.

Aux champs les blanches pâquerettes
Pour mieux plaire aux zéphyrs aimants,
Ont repassé leurs collerettes
Où l'aube met des diamants.

Les laveuses font leurs lessives
Dans la rivière, en s'y mirant ;
Et les saules, nymphes pensives,
Lavent leurs cheveux au courant.

Le long des chemins et des plaines
Les vaches, branlant leurs grelots,
Vont beuglant, les mamelles pleines
Du lait qu'on va leur traire à flots.

Les grenouilles mélancoliques
Roulant de gros yeux entr'ouverts,
Chantent d'étranges bucoliques
Et plongent sous les roseaux verts.

On fait les foins. L'herbe parfume ;
Les moulins agitent leurs bras ;
La forge est flamboyante et fume,
Soupirail d'enfer plein d'éclats.

Dans le taillis vert d'émeraude,
Où murmure l'écho jaseur,
Un lièvre roux s'avance et rode
Sans s'inquiéter du chasseur...

L'abeille se hâte à la ruche ;
La blonde fille badinant,
Emplit à la source sa cruche
Presque vidée en revenant,

Car elle a trop fait la coquette,
Trop folâtré près des garçons,
Dans les sentiers où l'alouette
Effeuille un bouquet de chansons !

Tout resplendit dans la lumière :
Sur de larges bancs vermoulus,
Près de sa porte, la fermière
Sourit à ses marmots joufflus.

Son mari récolte des gerbes
Dans son petit champ bien planté
Elle, veut des enfants superbes,
C'est sa moisson de chaque été.

La blanche aïeule triomphante
Aime à balancer des berceaux ;
Car plus sa brave fille enfante
Plus le bonheur livre d'assauts,

Plus vers le ciel s'offrent de têtes
Plus le Seigneur devra bénir,
Et plus on aura de mains prêtes
Dans la souffrance pour s'unir.

Nature ! Harmonie ineffable
Du ciel, de la ferme et des champs.
Tout parle ainsi que dans la fable,
Tout est rayon, parfum et chants.

Dans la nature tout s'enchaîne
Pour l'œil du poëte profond :
L'homme, l'oiseau, l'astre, le chêne
Ont leur plendide œuvre qu'ils font.

Et Dieu, d'où descend toute flamme,
Fait luire, en rayon fraternel,
Son nom à l'horizon de l'âme,
Son astre à l'horizon du ciel.

Effet de Neige.

Oh ! j'aime le spectacle étrange
De la neige au reflet si clair,
Qu'on dirait les plumes qu'un ange
De ses ailes secoue en l'air.

Les sombres pavés disparaissent
Sous un tapis étincelant,
Et les moineaux bavards se pressent
Tout fiers d'avoir un corset blanc.

Les toits aigus et les hauts faîtes
N'ont plus leurs manteaux bigarrés ;
Ils ont pris leurs habits des fêtes
Pour qu'à l'aurore ils soient parés.

Les flèches des temples gothiques
Se perdent dans le ciel profond,
Pareils aux palais fantastiques
Qu'en volant les nuages font.

Les longs arbres aux branches vides
Sont tout poudrés et rajeunis,
Ils se croient au printemps, avides
De frissons d'ailes dans les nids ;

Et les plantes entrelacées
Aux arabesques des balcons,
Semblent de pâles fiancées
Dans le voile de leurs flocons.

La lune derrière la neige
Se cache avec un air frileux,
Comme un cygne qui se protége
Sous son duvet blanc et moelleux.

— Noir géant que la bise effleure,
Au sein de l'ombre, le beffroi
Frémit en faisant tinter l'heure,
Comme si lui-même avait froid !

Aux vitres des salons d'orgies
Les maigres orphelins, soufflant
Dans leurs petites mains rougies,
Viennent mendier en tremblant...

Devant ce tableau de misère
J'ai de la honte et du remords ;
Mais mon cœur attendri se serre
Davantage en songeant aux morts,

— Cendre froide sans étincelle —
Dormant dans l'enclos morne et gris,
Sous un vieux saule qui chancelle,
Ruine veillant leurs débris.

Hélas ! plus d'un ami que j'aime
Grelotte en m'attendant là seul,
Car c'est le rendez-vous suprême :
La neige est le commun linceul.

Voilà pourquoi lorsqu'elle tombe
Et que l'hiver souffle sur nous
Je vais réchauffer chaque tombe
Avec mes pleurs et mes genoux.

Amour Vrai.

> Trouverai-je jamais des mots qui la peindront? COPPÉE.

Ce jour sera peut-être un grand jour dans ma vie !

Nous étions en pleins champs. La fleur était ravie
De voir des amoureux marcher sur le chemin,
Côte à côte, à pas lents, et la main dans la main.
Je me taisais: pourtant j'avais tant à lui dire :
Quand je la regardais, ne sachant que sourire,
Et sentant un désir vague de l'embrasser
Si par d'étroits sentiers nous venions à passer.
Elle allait, sautillant à l'ombre des ramures ;
Sa lèvre mince avait l'éclat des fraises mûres,
Son œil noir reluisait comme un charbon ardent,
Et ses cheveux d'ébène, agités par le vent,
Flottaient comme une frange autour de son front pâle.
Sa voix souffrante avait le tremblement du râle,
Car elle pressentait, triste, effeuillant des fleurs,
Qu'un jour il finirait peut-être dans les pleurs

Ce doux rêve d'amour commencé dans le rire!..
Mais l'oiseau blessé dresse, au moment qu'il expire,
Son aile, et rêve encor du nid qu'il veut garnir ;
Elle rouvrait son cœur aux projets d'avenir ;
Une rougeur joyeuse empourprait son visage
Comme un frais arc-en-ciel reluit après l'orage,
Et son regard voilé se plongeait dans le mien
Moi, je la comprenais... et je ne disais rien...

Nous étions dans ce calme où l'amour se recueille,
Timides, arrachant à chaque arbre une feuille,
Mordillant des bleuets et fouettant le gazon,
Regardant, sans rien voir, le bout de l'horizon.

Oh! tout semblait joyeux! les branches étaient souples,
Les pigeons blancs de neige étaient groupés par couples,
Le ruisseau bleu jasait en roulant ses cailloux.
Nous avions le désir de tomber à genoux ;
Toujours d'accord, au moins faisant semblant de l'être ;
Nous enlaçant tous deux sur le vieux tronc de hêtre
Suspendu comme un pont au fossé du chemin.

Et je marchais rêvant d'un cortége d'hymen
Près des autels, ayant leur éclat du dimanche,
D'une humble fiancée avec la robe blanche,
Et d'une mère avec des enfants aux genoux.

Et vous, objet du rêve, à quoi donc songiez-vous
Quand nous allions ainsi le long de la prairie ?

Ce jour sera peut-être un grand jour dans ma vie!

Après une Visite a l'Abbaye de Maredsous.

Sombres moines ! perdus au fond d'un monastère,
Inclinés devant Dieu comme des encensoirs,
En faisant votre temps douloureux sur la terre
Vous portez votre deuil dans vos longs manteaux noirs.

Pareils à ces lions à la fauve crinière
Offerts dans une cage aux mépris des passants,
Vous allez et venez sous ces voûtes de pierre
Qui frémissent au bruit de vos pas languissants.

Mornes, vous promenez sur le marbre des dalles
Votre exil volontaire et votre soif de Dieu ;
Vous usez, à marcher, le cuir de vos sandales,
Vous usez, à prier, vos deux lèvres en feu.

Sous le rayon tremblant d'une lampe de cuivre,
Vous usez votre œil terne aux âpres voluptés
De regarder la croix, où Jésus-Christ se livre,
Et vous tend dans la nuit ses bras ensanglantés !

Vous avez pris vos cœurs dans vos poitrines fortes,
— Ces cœurs, auxquels l'amour eût versé sa clarté, —
Pour les jeter, vivants, sur vos tendresses mortes
Et mieux garder vos corps dans la virginité.

La nature est si belle autour de vos cellules !
La colline est si verte, et si gais les oiseaux !
Mais que fait le soleil, que font les crépuscules
A ceux dont l'espérance est la nuit des tombeaux !

Courbés dans la prière à l'ombre des portiques,
Plus que les astres d'or, vous aimez les flambeaux ;
Plus que les chants du soir, vous aimez les cantiques
Faisant trembler les saints qui peuplent les vitraux.

Parfois un souvenir, tout plein de joie amère
Flotte sur votre cœur, et vous joignez les mains
Priant pour votre père ou votre vieille mère
Que vous avez laissés tout seuls dans leurs chemins.

Vous vivez, unissant vos clameurs suppliantes
Aux crimes de la terre, ainsi que ces roseaux
Qui mêlent leur murmure et leurs tiges pliantes
Aux fanges qu'un grand fleuve entraîne dans ses eaux.

Dinant, 1877.

L'AÏEUL.

... Le seul ami qu'il eût sur cette terre
LAMARTINE (Jocelyn).

Le vieillard était bien malheureux. Il souffrait
Un tourment de martyr que la foule ignorait;
Et la douleur avait, à ses tempes arides,
Plus que l'âge, incrusté sa pâleur et ses rides.
C'était un sort poignant d'être esclave et soumis
Dans sa propre maison ; d'avoir pour ennemis
Ceux qu'on a mis au monde et soignés dans l'enfance.
Hélas! pauvre et courbé, malade et sans défense,
Il était dans leur chaîne un inutile anneau,
Et ses enfants pervers, qu'il mit dans le berceau,
Le poussaient dans la tombe! Il sentait comme un glaive
S'enfoncer dans son cœur qu'on torture sans trêve :
Tandis que l'on caresse à l'envi le grand chien
Qui dort près du foyer dont il est le gardien,

On l'écarte en grondant, quand le repas assemble
La famille à la table où l'on s'assied ensemble.
On le sert dans un coin, sans plaindre ses douleurs,
Et comme un étranger il mange, et boit ses pleurs.
Bien amer et bien dur est le pain qu'on reproche!
Oh! certe il eût voulu pouvoir mettre une roche
En place de son cœur; il eût voulu partir,
Se faire mendiant, plutôt qu'être martyr.
Les passants, moins cruels, l'assisteraient sans doute.
Souvent au point du jour, croyant se mettre en route,
Il se traînait au seuil usé de son logis
Et, de son vieux mouchoir séchant ses yeux rougis,
S'en allait, maudissant leur noire ingratitude!
Mais la vieillesse a peur de l'âpre solitude,
Puis une vision céleste, un doux regard,
Et deux bras entr'ouverts rappelaient le vieillard.
C'était un frêle enfant qui seul l'aimait encore,
Projetant sur sa nuit l'éclat de son aurore,
Et venant quelquefois jouer avec l'aïeul,
L'embrasser, l'égayer, quand on le laissait seul.
L'amour de cet enfant consolait sa vieillesse,
Car toujours la ruine a besoin de jeunesse,
Et sous le lierre épais s'étale et sourit mieux.
Il s'approchait craintif du chérubin joyeux
Qui jouait dans le sable, insouciant, folâtre,
Ou regardait flamber quelques bûches dans l'âtre;
Alors c'étaient des cris, des rires argentins
Qui rendaient au bon vieux ses souvenirs éteints.
Il semblait rajeuni, tant sa joie était franche :
L'enfant sautait sur lui, tirait sa barbe blanche,

Grimpait sur ses genoux, et tout fier chevauchait !...
Et l'aïeul dépensait en bonbon, en hochet
Tous ses sous, pour lui plaire et payer sa tendresse.
Oh ! comme il renaissait sous sa chaude caresse,
Il trouvait son fardeau plus léger de moitié.
L'enfance est bonne ; elle a des trésors de pitié :
Mais le père parfois en rentrant de l'ouvrage
Les voyant qui jouaient à deux, tremblait de rage ;
Il battait son enfant qui suppliait « papa ! »
Et le vieillard eût mieux aimé qu'on le frappât !...

Hélas ! le sort est sombre, et la vie est étrange :
Dans son enfer le vieux n'avait que ce cher ange,
Et la mort le lui prît dans la tendre saison
Où l'immense nature épaissit son gazon
Afin de cacher mieux les morts sous sa verdure.

Loi peut-être profonde, et qui nous semble dure :
Laisser le vieux qui meurt, frapper l'enfant qui naît !...

Il devint insensé, l'aïeul !... Nul ne connait
Sa mort, mais on l'a vu bien des fois, solitaire,
Errer par la campagne et gratter dans la terre,
Puis fou, las, blême, avec un geste triomphant
Il s'écriait : « Je veux dormir près de l'enfant ! »...

LES HUMBLES.

Deposuit potentes de sede et exaltavit humiles.

ımmes ! si vous voyez une bande d'enfants,
Quant le jour qui finit et la nuit qui commence
èlent la brise fraîche aux souffles étouffants —
vous voyez, petits, sous l'arc du ciel immense,
s enfants arranger un frais bouquet de fleurs,
, vifs comme un essaim de moineaux querelleurs,
mplir le chemin morne où les chariots grondent
cris brusques, auxquels de longs échos répondent ;
vous voyez soudain chacun se recueillir,
pprocher en tremblant, mains jointes, en prière,
ın vieux chêne penché qui semble tressaillir
ı portant à son tronc un petit Christ de pierre,
si, dans l'ombre calme où le vent s'assoupit,
ıand le grillon s'éveille et que s'endort l'épi,
ur chant tendre et naïf flotte à travers les branches,
mmes ! ne raillez pas ces petites voix franches !.,.
ur candeur en sait plus que vos calculs puissants ;
uronné d'astres d'or, Dieu songe.... et les écoute....
iez les deux genoux sur le bord de la route
laissez vous bénir avec ces innocents !

Les Trois Étages.

Perle avant de tomber et fange apr
chute. V. Hu

I.

J'avais une voisine
Qui s'appelait du nom gracieux de Rosine.
Elle était si jolie : œil plus bleu que le ciel,
Bouche rose qu'eût peinte aux Vierges Raphaël,
Cheveux blonds coupés courts sur le front ; longues bouc
Où le soleil mettait des reflets d'escarboucles.
Elle avait dix-huit ans : un sourire perlé,
Comme au bord d'une fleur un papillon ailé,
Tintait sa mélodie à ses lèvres mobiles.
Elle avait la fraicheur d'un lac aux flots tranquilles
Où le ciel semble entrer. Nul ne pouvait la voir
Sans l'aimer. Les passants, du matin jusqu'au soir,

a voyaient travailler à son troisième étage,
ieuse et belle avec son modeste corsage.
n lit, puis une table et deux chaises de bois
rmaient l'ameublement de ce nid sous les toits.
elques lys rayonnaient au bord de la fenêtre
l'aurore en riant et pleurant venait naître,
la vierge et les fleurs confondaient leurs parfums.
ns un coin, — souvenir de ses parents défunts, —
chaste enfant gardait sur une vieille armoire,
ut jauni par les pleurs, un crucifix d'ivoire,
uvre et nu qui veillait sur sa virginité.
ant honnête et simple elle avait la gaîté.
tandis que ses doigts jouaient avec l'aiguille
chanson s'envolait aux oiseaux, sa famille,
s invitant par grâce à venir l'égayer,
partager sa chambre et son pain sans payer.
, Goëthe eût vraiment cru retrouver Marguerite,
n rouet et ses fleurs et sa branche bénite.
e offrait au bon Dieu son cœur et son travail
rsque la lune ouvrait au ciel son éventail
e les nuages blancs entouraient de leur frange ;
is s'endormait heureuse, et, dans la nuit étrange,
s rêves voltigeant aux plis de ses rideaux
ayaient son sommeil comme un essaim d'oiseaux.
! que vous êtes bien là haut dans la mansarde,
is près du ciel d'azur et de Dieu qui nous garde !...

II.

ais hélas peu de temps elle eût ce logis-là ;
retour de l'hiver vite elle s'en alla :

Pas bien loin... elle vint occuper le deuxième :
Un étage plus bas... ce n'était plus la même !.,.
Oh non ! déjà le ver se cachait dans la fleur
Et l'oiseau gémissait aux mains de l'oiseleur.
Pauvre fille ! elle avait jeté son âme d'ange
Au vice, comme on jette une perle à la fange.
Il faut pourtant la plaindre : elle crut à l'amour
Comme un aveugle croit à la clarté du jour.
On lui dit qu'elle était d'une beauté divine,
Et qu'on voulait l'aimer, elle, pauvre orpheline,
Pour combler dans son cœur les vides de la mort.
Sur le chemin du mal on l'entraîna si fort,
Le piége fut si bien dérobé sous les roses
Et les baisers si doux pour ses deux lèvres roses,
Que sa pauvre vertu ne sût pas résister !...
Donc au deuxième étage elle vint habiter :
La vierge pure était à présent la grisette.
Elle quitta bientôt sa modeste toilette,
Plus de mouchoir de laine et plus de bonnet blanc;
Mais un petit fichu qu'on noue avec talent,
Un chapeau gracieux et des robes de soie.
Et malgré tout cela, pour elle plus de joie :
Elle essayait encor de travailler, le jour,
Et puis la nuit venait, nuit de chant et d'amour !
Ainsi pendant six mois coula son existence...
Reportant sa pensée aux jours de son enfance,
Elle avait bien des fois de déchirants remords
En ayant souvenir de ses vieux parents morts
Lui répétant jadis d'être honnête sans cesse,
Qui, s'il vivaient encor, maudiraient leur vieillesse

Elle songeait aussi, les yeux de pleurs rougis,
A son ancienne chambre, humble et chaste logis,
Et disait : « j'étais mieux là-haut dans la mansarde,
Plus près du ciel d'azur et de Dieu qui nous garde ! »

III.

Mais le chemin du mal est facile et glissant.
Il faut pour s'arrêter un effort tout-puissant.
Rosine, dont le cœur n'avait plus sous la cendre
Qu'une faible étincelle, allait encor descendre...
Elle vint habiter du second au premier ;
On avait fait partir son bon vieux mobilier.
Ce n'était à présent dans ses chambres coquettes
Que lustres et cristaux, vases et statuettes,
Bois de rose ou d'ébène et meubles luxueux.
De fraîches fleurs ornaient ses boucles de cheveux,
L'or brillait à ses doigts, le sourire à ses lèvres...
Il était loin le temps des remords et des fièvres
Et des cuisants regrets qui rongent comme un ver.
Cynique et froide ainsi qu'un démon de l'enfer,
Son cœur n'agitait plus ses ailes de colombe,
Enseveli vivant dans son corps, froide tombe !
Folle grisette hier, courtisane aujourd'hui,
N'aimant que par calcul, par haine ou par ennui,
Elle rendait hideux ce que Dieu fit sublime
Et pour dorer la honte avec l'argent du crime
Etalait dans la ville un luxe éblouissant ;
Mais les mères tournaient la tête en rougissant,
Et les petits enfants s'enfuyaient devant elle
Tant son regard jetait une sombre étincelle !. .

Son triomphe fut court : l'heure de Dieu sonna :
Alors, rassasié, chacun l'abandonna
Et la misère vint traîner son spectre avide
Au foyer où pleurait Rosine, le cœur vide !...
Bientôt son front pâlit sous les baisers jaloux
Et les chants firent place aux accès de la toux ;
Sa marche chaque jour devint plus chancelante,
Son visage plus creux et sa voix plus tremblante.
L'automne allait finir ; des arbres dégarnis
Etaient déjà tombés les feuilles et les nids.
Rosine, je le crus, resterait à l'étage,
Mais un jour en passant je vis, contre l'usage,
Tous ses volets fermés, et puis, deux jours plus tard,
Par un ciel tout couvert de pluie et de brouillard,
On l'aida pour venir jusqu'au rez-de-chaussée.
Elle était morte hélas ! Coupable et délaissée !...
En terre on la porta, mais pas un seul ami
Ne suivit son cercueil, et moi j'en ai gémi
En disant : « Temps heureux où là dans la mansarde
Elle était près du ciel et de Dieu qui nous garde !... »

MÉDAILLE ET REVERS.

Comme dans les étangs assoupis sous les bois
Dans plus d'une âme on voit deux choses à la fois.
V HUGO (rayons et ombres).

Oh! qu'ils étaient gentils dans leur joie enfantine
Tenant d'une main rose une grosse tartine
De pain blanc, que le père en suant leur gagnait ;
Et leur marche, qu'un chant rustique accompagnait,
Se prolongeait, joyeuse, à l'ombre du feuillage.
Mais ces chérubins blonds mettaient tout au pillage:
Dès qu'un insecte, ouvrant ses ailes d'or, passait,
Qu'une abeille au soleil étalait son corset,
Ou qu'un papillon blanc, dont le printemps s'égaye,
Comme une fleur qui vole, enrichissait la haie,
Ils jetaient des cailloux pour effrayer son vol.
Si, parmi les rameaux, le chant du rossignol

S'épandait, comme un son langoureux de guitare,
Ils troublaient le concert par un sifflet barbare.
Leur seul aspect faisait enfuir les moucherons
Qui s'abritaient, craintifs, dans le creux des vieux troncs;
Et la fleur, sur laquelle un doux souffle voltige,
Quand ils étaient passés, gisait près de sa tige.
Ils couraient, s'enivrant de meurtre et de butin;
Et, plus ils faisaient mal, plus leur rire argentin,
Comme une moquerie, éclatait sur la route.
Soudain l'un d'eux s'élance à la prairie, où broute
Un troupeau de moutons que garde un vieux berger.
Sur l'écorce d'un chêne il pose un pied léger,
S'attache comme un lierre au bout de chaque branche,
Grimpe comme un chat; puis, haletant, il se penche
Et jette aux compagnons rangés sous l'arbre... un nid
Que la bande joyeuse, en chantant, dégarnit.

Cruels enfants! de prendre à l'oiseau sa couvée,
Que du cœur et de l'aile il n'a pas préservée!
Que dirait votre mère en pleurs si des méchants
Arrachaient de ses bras ceux qu'ont bercés ses chants?

La dureté pourtant n'est qu'une ombre à leur âme.

A peine avaient-ils fait cette action infâme,
Et partagé les œufs du nid ensanglanté,
Que voyant un vieillard aveugle et tout voûté,
En haillons, contre un mur couché comme un homme ivre,
Ne pouvant plus porter son fardeau, ni poursuivre

Son chemin douloureux, ils coururent vers lui
Pour qu'il se relevât, grâce à leur tendre appui.
Alors chacun s'empresse, et chacun d'eux s'obstine
A donner au vieillard un morceau de tartine,
A lui prendre la main froide, en l'encourageant,
A toucher ses cheveux que l'âge a faits d'argent,
A porter son fardeau dont leurs mains sont avides.
Et l'aveugle sentait des pleurs dans ses yeux vides,
Et marchait rajeuni dans ce groupe d'enfants
Dont il aurait voulu voir les fronts triomphants !

Ainsi l'enfance est douce ; et souvent au jeune âge
Plus que chez l'homme c'est la bonté qui surnage.

Le Cimetière.

Sancta et salubris est cogitatio pro defunctis exorare.
Livre des Machabées. ii. 12

Tandis que les vivants poursuivent leur folie,
Quittant le tourbillon, moi, rêveur isolé,
Je vais méditer seul près des morts qu'on oublie,
Et promener mes pas dans l'enclos désolé.

Adèle et Louisa, mes sœurs, blanches colombes
Que la mort abattit dans son vol triomphant,
Courbant mon front pensif sur les croix de vos tombes
J'y mets avec des fleurs un rayon réchauffant.

Hier j'ai visité vos deux petites pierres
Qu'ombragent des sapins par le vent agacés:
C'est triste!... on sent des pleurs venir dans ses paupières,
En lisant vos deux noms déjà presque effacés!...

A côté dort aussi notre pauvre grand'mère
Qui semble dans la mort vouloir veiller sur vous.
La solitude ainsi vous sera moins amère
Et vous aurez moins peur, tout près de ses genoux.

Qu'il fait lugubre là! quel calme et quel silence!
Le soleil disparaît dans les cieux obscurcis;
On n'entend que le bruit du saule qui balance
Ses longs cheveux épars sur les sentiers noircis...

Aux rameaux des cyprès quelques gouttes de pluie
Brillent, comme des pleurs, aux rayons du couchant;
Et la brise du soir, aux tombeaux qu'elle essuye
Chante avec des sanglots un doux et triste chant.

Le fossoyeur errant parmi les tombes blanches
Va creuser pour demain des fosses dans un coin;
Tandis que son enfant qui fouille dans les branches
Cueille de pâles fleurs qu'il arrange avec soin.

Voilà tout ce qui reste!... ombres abandonnées!
Une croix chancelante, un tertre de gazon...
Vous souvient-il encor de vos jeunes années,
Quand nous jouions gaîment à trois dans la maison?...

Pauvres sœurs! s'en aller au printemps, c'est austère!
Pourquoi Dieu vous prit-il? Ah! c'est un Dieu jaloux!
Mais non! Dieu ne doit pas m'expliquer le mystère
Des blancs agneaux qui sont dévorés par les loups!...

S'il vous a fait mourir, c'est un bienfait peut-être.
Qui sait !... il vous cachait les douleurs d'ici-bas ;
Il vous donnait la paix dans cet abri champêtre,
Il couronnait vos fronts dès les premiers combats !...

Ainsi vos pieds n'ont point marché dans nos ruines,
Vos yeux n'ont point senti l'amertume des pleurs,
Et comme Ophélia, sans savoir les épines
Vous nous avez quittés les mains pleines de fleurs ?...

Mais votre souvenir vit toujours dans notre âme
De notre foi douteuse attisant les flambeaux,
Car si parfois nos cœurs à l'autel sont sans flamme,
Ils fondent en prière au bord de vos tombeaux !

Croquis dans la Vallée de l'Ourthe

(PRÈS DE LAROCHE).

SONNET.

Vallon ! petit Eden plein de mystère, et digne
Que tous les amoureux s'y donnent rendez-vous ;
Tant la rivière écume aux râpes des cailloux,
Et, forcée à dormir sur ce lit dur, rechigne !

Sous les saules pensifs, un canard blanc et roux
S'apprête pour son bain du soir, plus fier qu'un cygne,
Et, tout près, s'accroupit un pêcheur à la ligne
Le panier blanc au dos, l'herbe verte aux genoux.

Plus loin un vieux château noirâtre, qui surplombe
Le vallon, sous du lierre épais cache sa tombe ;
Dans ses mornes débris roucoulent des pigeons.

— Et tandis qu'une mère allaite son plus jeune, —
Sur un vieux bouc, qui semble amaigri d'un long jeûne,
L'aîné chevauche, ayant pour cravache des joncs.

Souvenirs d'Enfance.

Helas ! hélas ! ô mon enfance
Vous avez fui !
Comme un beau jour dans l'existence
Vous avez lui !
AD. SIRET

Lorsque j'étais enfant, Christ, ma mère me prit
Souvent contre son cœur frissonnant, et m'apprit
A murmurer ton nom mystérieux et tendre.
Et quand je bégayais ma prière à genoux,
Elle prétendait voir voler autour de nous
Des anges qui courbaient leurs ailes pour m'entendre.

Je l'aimais tant ma mère ! et je t'aimais aussi
Toi que l'on me montrait mignon, rose et transi
Dans le coin de l'étable où t'abritait la crèche !
Te voyant dans les bras de ta mère, j'aimais
A t'appeler mon frère, et quand je m'endormais
Je te disais bonsoir de ma voix la plus fraîche.

Dès que le mois de Mai commençait à fleurir,
— Troupe d'enfants joyeux qu'on aime à voir courir, —
Nous apportions le soir bouquet, offrande, cierge,
Dans la chambre riante où se groupaient nos lits ;
De nos cœurs, s'exhalait comme un parfum de lys
Devant la statuette en plâtre de la Vierge.

Plus tard aux sombres nuits qui précédaient Noël
Nous pensions voir voler dans les lueurs du ciel
Un séraphin portant des cadeaux sous ses ailes,
Pour venir les suspendre au sapin verdoyant.
Et le jour, quelle joie au réveil ! en voyant
Le vieil arbre d'hiver avec ses fleurs si belles.

A Pâques nous cherchions les œufs rouges, bleus, verts,
Que la « cloche de Rome » en tintant dans les airs
Semait avec un soin jaloux sous chaque plante.
Oh! comme nous courions, plus agiles qu'un daim,
Fouiller parmi les fleurs et l'herbe du jardin
Payant en gros baisers notre mère tremblante.

Lorsqu'arrivait le jour de fête des parents,
Nous apprenions par cœur de naïfs compliments ;
Marchant à petits pas, rouges, fiévreux, timides,
Nous venions au lever leur offrir nos bouquets
Ou les faire sourire à nos charmants caquets
Qu'ils écoutaient le cœur ravi, les yeux humides !...

Voyages de vacance aux pays montagneux,
Courses dans les bois verts au bord des étangs bleus,
Ébats retentissants sur la plage ou la dune,
Blancs coquillages pris à l'immense océan,
Pleurs versés quand le soir dans le gouffre béant
Le soleil s'enfonçait et qu'émergeait la lune !

Matins harmonieux de ces jours triomphants
Où tintait la maison de nos chansons d'enfants,
Ruche où nous distillions comme un miel notre joie !...
Tout s'est évanoui ! tout a fui sans retour,
Et le nid qu'a vidé la mort, sombre vautour,
Reste morne aujourd'hui sous le ciel qui flamboie !...

Mais il me reste encor de ce cher souvenir
Que laisse le passé, la foi dans l'avenir
Et l'espérance en Dieu devant lequel tout tombe.
Le doute ne pourra me marquer de son sceau,
Puisqu'ayant eu les mains jointes dans mon berceau,
Je veux les joindre aussi dans le fond de ma tombe.

La Vieille Fille.

Elle est là, sur sa chaise, avec un air grognon;
Coquette, quoique laide; elle porte un chignon
Brun, sur ses cheveux gris; elle a de riches bagues
Et des lunettes d'or devant ses grands yeux vagues.
Le salon est luisant : un papier bleu d'azur,
Quatre portraits d'aïeux à chaque pan du mur ;
Un parquet tant ciré qu'on y marche avec peine.
Ornant la cheminée, un vase en porcelaine
Qu'un vieil adorateur rapporta du Japon.
Sur un bahut de chêne, un paquet de bonbon,
Et tout près, un missel couvert de velours rouge.
Elle brode un bonnet pour sa nièce, et ne bouge,
Savourant le rhythmique et paisible ronron
Du petit angora qui dort dans son giron !...

VÉRITÉ ÉTERNELLE.

Ils n'ont de foi que dans la matière et la mort ; et ils sont déjà insensibles comme l'une et glacés comme l'autre.
CHATEAUBRIAND.

I.

Les hommes ne voient plus dans leur néant qu'eux-mêmes ;
Ils ont craché sur Dieu la bave des blasphèmes
Et ri devant le ciel profond ;
Se flattant de pouvoir propager l'imposture,
Et d'étouffer la voix de la grande nature,
Avec le peu de bruit qu'ils font !

Ils avaient dans leur âme une ardente prunelle
Qui perçait l'infini de la voûte éternelle,
Et cet œil fixe ils l'ont crevé ;
Puis voyant l'ombre vaine emplir leur cicatrice
Ils ont refait le monde, au gré de leur caprice
Et du moule qu'ils ont rêvé !

Ils s'en vont maintenant, invisibles atomes,
Promener sous le ciel l'ombre de leurs fantômes
Qui s'allonge aux feux du soleil,
Jusqu'à ce que la mort, broyant leurs têtes blanches
Les jette, ricanant, dans un cercueil de planches
Pour y dormir le grand sommeil !

Ils se disent : « Pourquoi, si Dieu vraiment existe
« L'humanité va-t-elle agonisante et triste
« N'ayant pour flambeau que l'éclair ?
« Pourquoi lorsqu'elle marche au milieu des ténèbres
« Présenter à ses pieds tant de tertres funèbres
« Rien à ses bras levés en l'air ?

« Pourquoi la vague noire au lieu des blanches voiles ?
« Pourquoi le diadème éclatant des étoiles
« Si le front demeure caché ?
« Pourquoi sous le manteau du nuage un squelette,
« Pourquoi le soleil d'or que l'océan reflète
« Sans la main qui l'a rattaché ?

« Pourquoi ternir de sang l'éclat joyeux des armes,
« Faire pleurer l'aurore, et mettre un flot de larmes
« Dans le cœur de l'homme et des fleurs ?
« Pourquoi sur le haut chêne amasser le tonnerre
« Et dénoncer au bec du vautour sanguinaire
« Le nid des moineaux querelleurs ?

« Pourquoi dans la douleur faut-il que l'homme naisse,
« Qu'il voie au choc des ans s'envoler sa jeunesse,
« Ses illusions se flétrir,
« Qu'il travaille en suant pour aider sa misère,
« Et qu'à chaque nouvelle aurore, se resserre
« Le nœud qui le fera mourir!...

« Pourquoi ne pas donner du pain aux jeunes femmes
« Et les laisser tenter dans leurs taudis infâmes
« Par l'or qu'on offre à leurs haillons?
« Pourquoi faire envier ainsi tout ce qui brille,
« Pourquoi le ver de terre et pourquoi la chenille
« Veulent-ils être papillons!

« Pourquoi dans le printemps la pluie et la rafale,
« Dans les flancs de la mer le sanglot et le râle,
« Dans les feuilles le tremblement?
« Dieu, pourquoi si tu vis dans ton ciel solitaire
« Ne laisser répéter aux échos de la terre
« Qu'un immense gémissement? »

II.

Blasphémateurs! Dieu règne et le ciel n'est pas vide!
Vainement vous voudrez, de votre main avide,
Effacer son grand nom vainqueur,
Qu'a gravé le tonnerre au front des roches grises,
Que la nuit chante au jour, que l'aigle chante aux brises,
Et que l'âme redit au cœur!

N'avez-vous donc jamais contemplé les nuées,
N'avez-vous jamais eu de fibres remuées
Devant l'éclat du ciel en feu ?...
N'avez-vous pas senti la puissante harmonie
Qui forme entre chaque être une chaîne infinie
Et les rattache tous à Dieu ?

Le néant ! il répugne et ment à la nature !...
Quoi ! le but de la vie est d'être la pâture
Des vers rongeurs dans le tombeau?
La pitié, la candeur et les vertus vaillantes
Pour seul salaire auront les lueurs vacillantes
Que jette un funèbre flambeau ?

Nous aurons donc en vain quitté la fête humaine,
Fui les chemins de fleurs où la volupté mène,
Pour les sentiers pleins de cailloux ?
La mort unira tout, les vertus et les vices,
Comme l'eau des ruisseaux et l'eau des précipices
Coulent dans les mêmes égouts ?

Quoi ! celui dont la main de sang vif est rougie,
Celui qui prit de l'or, qui para dans l'orgie
Son front des roses du printemps ;
Et celui qui porta la couronne d'épines,
Pauvre, désespéré, marchant dans les ruines
Plié sous des fardeaux pesants ;

Quoi ! la femme adultère à la face ternie,
Et la nonne éclairant les chevets d'agonie,
Le cénobite et le bandit,
Auront la même paix au fond de l'herbe verte
Sans que rien ne sépare à la fosse entr'ouverte
Ici l'ange, là le maudit !...

Non ! Dieu doit exister, car la Justice existe !
L'âme humaine le sait et vainement résiste
Devant son destin immortel.
C'est pour pouvoir jouir qu'elle doute ou renie,
Mais elle sent le juge au fond de l'agonie :
La tombe fait croire à l'autel !...

DEVANT LES RUINES DU CHATEAU DE LAROCHE.

. . . Je m'égare rêvant
Le brillant moyen-âge et la chevalerie.
TH. GAUTIER.

Je t'aime, vieux château couché sur la colline
Avec tes murs croulants que la vieillesse incline
Sous un linceul de lierre, ainsi que des tombeaux.
J'aime tes corridors et tes mornes tourelles
Abritant sous leur ombre et leurs ramures grêles
Autrefois les guerriers, aujourd'hui les corbeaux !

J'aime aller rêver seul dans tes salles muettes,
Au bord de l'escalier qui mène aux oubliettes,
Gouffre où l'on croit ouïr des bruits mystérieux !
J'aime voir s'écrouler dans l'Ourthe tes murailles,
Noir donjon ! comme on voit s'échapper les entrailles
D'un aigle que la foudre a frappé dans les cieux !

Mais je t'aime surtout, quand le soleil s'exile,
— Roi vaincu — demandant à la nuit un asile,
Drapé dans le haillon des nuages salis;
Quand les étoiles d'or luisent dans les ténèbres
Comme autour d'un cercueil de longs cierges funèbres,
Et que l'ombre suspend aux humbles toits ses plis.

Où sont-ils tes soldats bardés de fer, tes gardes
Faisant luire sur toi l'éclair des hallebardes?
Où sont les palefrois piaffant des chevaliers,
Les rendez-vous de chasse au sommet de ta roche,
Les assauts, les tournois, les comtes de Laroche
Ouvrant à tout seigneur leurs seuils hospitaliers.

Où sont les troubadours charmant les châtelaines,
Leurs ballades, de grâce et d'amour toutes pleines ?
Où sont les pèlerins décrivant les Saints-Lieux,
Les aïeules parlant aux pages blonds de fées,
A l'entour du feu rouge éclairant les trophées
Qui couvrent sur le mur les glaives des aïeux ?

Où sont les ducs fameux et les grands capitaines
Dont l'orgueil jalousa tes murailles hautaines ?
Le cor faisant appel à tes bouillants vassaux ;
Où sont ces jours de gloire et ces jours de défaite ?
Car c'était une ivresse et c'était une fête
Pour toi, de tressaillir au milieu des assauts !

Où sont-ils les Pépins rendant justice haute,
Godefroid de Bouillon voulant être ton hôte
Avant que le désert admire sa fierté ?
Louis le Grand, vainqueur, qui foule ta poussière,
L'emportant au talon de sa botte princière
Dans les chemins ardus de l'immortalité !...

Hélas ! ta gloire tombe avec ta vaste enceinte ;
Et les clameurs de guerre ont fait place à la plainte
Que murmure le vent en frôlant tes débris.
Tu dors, dans une morne et funèbre attitude,
Et rien n'arrive plus troubler ta solitude
Que les sanglots profonds des sapins rabougris !...

Ecarte, vieux château, cette foule profane
Qui vient sur ton tombeau muet, et le profane,
Joyeuse, sans mouiller de pleurs tes ossements.
Mais laisse les enfants venir avec leurs chèvres,
Car les douces chansons, qui tombent de leurs lèvres,
Rendront un peu de vie à tes vieux murs dormants !...

Laisse aussi le poëte errer dans tes ruines :
Il aime, lui, tous ceux qui portent des épines,
Et trouve en toi l'écho de ses propres douleurs.
C'est pourquoi, quand la lune à tes murs se reflète,
Dans ses vers il embaume, en rêvant, ton squelette
Qu'il lave de ses pleurs !.,

Fête de Village.

A mon excellent ami E. V.

C'est l'été. Le village est en pleine kermesse :
Dès l'aube, chacun va pour entendre la messe ;
Les garçons villageois ont mis leurs beaux habits ;
Les femmes ont des fleurs en place de rubis,
De coquets bonnets blancs, et de fraîches guipures ;
La prière palpite au bord des lèvres pures ;
Puis quand la messe est dite et les cierges éteints,
La foule disparait le long des murs déteints,
Et le pâle vieillard, les roses jeunes filles
S'en vont, lui, dans la ferme ; elles, sous les charmilles,
Et la fête commence, et l'amour et les chants.

Le soleil qui se mire aux clairs ruisseaux des champs
— Tel qu'un ami qui vient, se sachant nécessaire —
Préside en souriant la fête anniversaire.
A peine un blanc nuage étend-t-il son lambeau,
Comme une aile d'insecte à l'entour d'un flambeau,

Dans la limpidité sereine de la voûte.
On a jeté des fleurs au bord de chaque route,
Les portes ont leur seuil jonché de rameaux verts ;
Les volets au soleil sont largement ouverts,
Et des maisons, ainsi que des nids pleins de mousse,
Sort une bienveillance universelle et douce.
Dans les fermes, ayant la gaîté des châteaux,
Groupés en cercle, on boit, on mange des gâteaux,
On devise, on badine, on s'embrasse, on folâtre,
Tandis que sur la bûche éclatante de l'âtre
La bouilloire gaîment fume et fait chanter l'eau.

Oh ! la tendre harmonie et le joyeux tableau !

Le soir les paysans s'en vont rire à l'auberge,
Voir jouer les forains que la grand'place héberge,
Mettre aux chevaux de bois leurs petits enfants blonds,
Danser sur la pelouse au son des violons !

Les amoureux tout seuls quittent la multitude,
Car l'amour vit de l'ombre et de la solitude.
Cherchant, près des buissons, les plus étroits chemins,
Ainsi que des enfants, ils se tiennent les mains,
Timides, et comme eux leur voix tremble et bégaie ;
Car elle est difficile, à l'ombre d'une haie,
Cette langue, ayant pour alphabet des aveux !...
Aux lèvres des baisers, des bleuets aux cheveux,
Ils rêvent... et la nuit, levant ses sombres voiles,
Pour partager leur joie, ouvre ses yeux d'étoiles.

Cependant au hameau, sur des bancs vermoulus,
Souriant aux ébats des gais enfants joufflus
Qui courent dans l'herbe ou se cachent près des meules
Calmes sont les vieillards assis près des aïeules :
Et parfois dans leur œil on voit perler des pleurs
Quand ils songent, parmi ces chansons et ces fleurs,
Que le trépas approche, et qu'aux fêtes prochaines
Ils dormiront peut-être à l'ombre des grands chênes !

Au coin du Feu.

La nuit tombe. L'ainée assise à la fenêtre
Tricote un petit bas pour son frère cadet,
Puis ne voyant plus clair, allume le quinquet
Dont la douce lueur dans la chambre pénètre.

Sa sœur, plus jeune, lit, près du feu flamboyant,
Un livre à tranches d'or où l'on parle de fées,
Et parfois à son front sent monter des bouffées
Quand les enfants sont pris par un ogre effrayant !...

Dans sa cage de fer, qu'un feuillage environne,
La tête sous son aile, un canari s'endort ;
Et la grande pendule en marbre, à filets d'or,
Mêle au bruit de l'haleine un tic-tac monotone.

Un garçonnet écrit un devoir de calcul,
En comptant sur ses doigts ; c'est sa plus forte branche !..
Mais voilà que soudain son encrier s'épanche,
Le papier blanc se tache, et le travail est nul.

Ensuite c'est le père, épuisé d'une course,
Qui leur donne à chacun un baiser amical ;
Tombe sur un fauteuil, et lit dans son journal
Les nouvelles du jour et les taux de la bourse.

Et tandis que la mère aux regards ingénus
Endort son dernier né, d'une vieille romance,
Près du chérubin blond la levrette s'avance
Et lèche, en grelottant, ses deux petits pieds nus !...

LA CONSCRIPTION.

SIMPLE HISTOIRE.

. . . L'artisan dans sa sphère bornée
N'a que les siens pour être heureux.
BELMONTET.

Oh! qu'ils étaient heureux dans leur pauvre ménage!
Paul un robuste gars, hâlé par le soleil,
Louise une humble fille au teint rose et vermeil,
Philémon et Baucis encor dans le jeune âge!
Sous des chaumes voisins et presqu'au même temps
Tous deux ils étaient nés dans le même village;
Sans se mêler jamais à la troupe volage
Des enfants qui riaient sur le bord des étangs,
Ils semblaient, tout petits, n'être gais et contents
Que s'ils jouaient ensemble; aussi chaque famille,

En voyant cet amour charmant, s'était juré,
Quand ils deviendraient grands, de conduire au curé
L'une, son blond garçon, l'autre sa blonde fille !

Mais la mort effeuilla ce rêve dans sa fleur ;
En moins de quelques jours, la sombre épidémie
Coucha dans le tombeau chaque mère endormie,
Laissant les orphelins seuls avec leur douleur!...

Ils grandirent!... Tel qu'un ruisseau qui coule à peine
Dans l'ombre du vallon sur un lit de cailloux
Devient large rivière en tombant dans la plaine,
Leur amitié fit place à l'amour tendre et doux.
Un soir d'été, Paul mit son habit des dimanches,
Prit le vieil anneau d'or que sa mère portait,
Et cueillit un bouquet d'humbles fleurettes blanches
En gagnant la maison que Louise habitait.
— « Ma chère, nous avons pleuré longtemps ensemble,
» Lui dit-il, voudrais-tu que nous fussions heureux?
» Dans ma ferme et mon champ que l'amour nous rassemble
» Viens vivre près de moi, car je suis amoureux ! »
— « Oui, Paul, je le veux bien, » dit-elle rougissante...
Il s'en alla joyeux en lui baisant la main
Et quelques jours après, à l'aube blanchissante,
Entra dans le saint temple un cortége d'hymen.

On avait mis leurs beaux manteaux aux saintes Vierges,
Aux chandeliers de cuivre enfoncé de longs cierges,

L'orgue emplissait la nef des rumeurs de son chant,
Lorsqu'un vieux prêtre, au son des cloches argentines,
Vint bénir en priant leurs têtes enfantines,
Et c'était un tableau poétique et touchant
De voir ces fiancés, dans leur candeur première,
Agés l'un comme l'autre à peine de vingt-ans
Qui joignaient devant Dieu leurs cœurs et leurs printemps !...

Ils vinrent occuper une blanche chaumière,
Proprette, avec les murs d'un lierre épais couverts,
Porte basse, des fleurs aux fenêtres, du chaume
Sur le toit qui se dore au jour, des volets verts;
Puis autour du riant et frais petit royaume
Qu'une haie odorante isolait du chemin,
Le verger étalait tant de fruits à ses branches
Qu'on pouvait les saisir en étendant la main.
La maison se groupait près des murailles blanches
De l'église, pareille à quelque nid d'oiseau
Qui mêle au tronc vieilli sa mousse et sa jeunesse.
Leur foyer était plein d'une intime tendresse !
Le jour, elle filait le lin de son fuseau,
Lui, labourait le sol et menait la charrue ;
Puis quand l'ombre du soir au ciel s'était accrue,
Joyeux, ils se trouvaient réunis au foyer ;
Et souriant à voir la bûche flamboyer,
Ils mangeaient le pain dur et les fruits de la terre
Qu'ils avaient mérités par leur travail austère,
Et plus fiers que des rois, se faisaient un régal
Grâce à leur appétit, grâce à l'amour peut-être,
De ce repas pourtant si mince et si frugal !

Ils n'enviaient pas l'or dans leur abri champêtre :
Quand le bonheur nous vient, faut il donc l'acheter ?...
Nul n'aurait pu franchir leur seuil sans souhaiter
L'inaltérable paix les berçant sans secousse.
Aussi dans ce limpide et frais intérieur,
Le calme était si grand, la joie était si douce,
Le jour resplendissait d'un éclat si rieur
Que chaque âme s'y fût demandée, indécise,
Dans laquelle des deux le Seigneur habitait
Ou dans l'humble chaumière ou dans la grande église!...

Pendant les soirs d'hiver, le bon Paul racontait
Une vieille légende apprise de sa mère,
Puis ayant dit tous deux à genoux leur prière
Ils s'embrassaient. Louise, en attachant au cou
De Paul ses deux bras blancs, comme un collier d'ivoire,
Lui disait : « Oh merci pour ta jolie histoire;
» Moi j'en sais une aussi qui te plaira beaucoup;
» Mais il faut deviner... Car la dire... je n'ose...
» Voudrais-tu bien avoir un petit ange rose?...
» Eh bien ! Dieu nous l'envoie... aime-moi donc toujours!...
— » Peut-être! » répondit Paul en cachant ses larmes,
Car la conscription, l'appelant sous les armes
Pouvait briser leurs cœurs et briser leurs amours!...

Donc l'hiver s'envola comme s'envole un rêve :
L'un des premiers matins où le printemps se lève,
Paul embrassa sa femme au seuil de son logis,
Et séchant en riant ses deux grands yeux rougis
Partit pour le tirage en lui disant : » espère ! »

Mais dès qu'il s'éloigna, dans une angoisse amère,
Louise revêtit, pâle, son manteau noir,
Et comme le tombeau toujours donne un espoir,
Gagna le cimetière où reposait sa mère ;
Elle mit sur le tertre arrondi les genoux,
Demandant à la morte ou plutôt à la sainte
Que Dieu de leur bonheur ne devint pas jaloux !
Le vent seul répondit en pleurant à sa plainte :
Triste, elle s'éloigna de la funèbre enceinte,
Et vint s'agenouiller aux marches de l'autel,
Car la terre étant sourde, elle prîrait le ciel !...
Mais dans sa foi fervente, un pressentiment vague,
Sur son âme courait comme un vent sur la vague !
Lorsqu'elle eût épanché les craintes de son cœur
Et les pleurs de ses yeux, en quittant la chapelle
Où la lampe d'argent brillait au fond du chœur
Comme un phare allumé qui vers Dieu nous rappelle,
Voici qu'elle aperçoit Paul au bout du chemin !...

Palpitante, elle court... la terrible nouvelle
Par son regard farouche et poignant se revèle ;
Et Louise, en pleurant, la tête dans la main
Tombe, ayant au visage une pâleur mortelle...
Puis, surmontant bientôt sa douleur d'un instant,
« Courage, lui dit-elle, oh ! je t'aimerai tant !..
Dieu nous fera pitié... reprends courage... espère
Songe au bonheur passé, songe au petit enfant...
Oh ! je lui parlerai si souvent de son père !...

Mais lui la regardait, l'œil sec, le front pensif,
Chancelant sur ses pieds comme s'il était ivre
Puis élevant la voix d'un effort convulsif :
« Oh ! dit-il, c'est affreux ! je n'y pourrai survivre !...
— » Que dis-tu malheureux ?... Dieu nous assistera.
— » Hélas ! de quoi nourrir l'enfant quand il naîtra
Si je ne suis plus là pour mener la charrue ?...
Louise, comme si quelque noble dessein
Lui venait, se dressa palpitante, éperdue :
— « Si je n'ai plus ton bras, n'ai-je donc pas mon sein ?...
Dit-elle, en se frappant fièrement la poitrine.
« J'irai vendre mon lait dans la ville voisine
« A quelque frêle enfant de noble ou de bourgeois ! »
— « Et que feras-tu donc du nôtre, pauvre femme ? »
— « Je sais dans le village une vieille, bonne âme,
» Qui le soignera bien pour quelques sous par mois. »
— » Non ! tu cherches en vain, crois-le, ma bien-aimée,
» A rouvrir pour mon cœur une route fermée.
» Aux rêves d'avenir il nous faut dire adieu
» Et prendre notre croix... vous le voulez, mon Dieu !... »

Comme ils s'abandonnaient à leur désespoir sombre,
L'un à l'autre enlacés, pâles, l'air égaré,
Un léger bruit de pas vient retentir dans l'ombre...
La porte s'ouvre... oh ciel ! c'est le bon vieux curé
Dont les cheveux blanchis forment une auréole.
« Mes amis, je sais tout ; dit-il, mais Dieu console
» Les cœurs qu'il a frappés de son bras tout-puissant ;
» Voici l'or qu'il faut pour payer un remplaçant ;

Vivez longtemps heureux ! Que le logis prospère,
Et priez pour moi qui vous aime comme un père.... »

Et tandis qu'affolés les deux pauvres époux
'our bénir le vieillard se jetaient à genoux,
ui, pâle et souriant comme un soleil d'automne,
vide d'échapper à leur remercîment,
Était parti, chantant un vieil air monotone,
ar toujours les grands cœurs font le bien simplement !...

insi, grâce au curé, se tarirent leurs larmes,
t quelque temps après, tout semblant verdoyer
ans la nature en fête, un enfant plein de charmes,
omme un bouton d'amour, s'ouvrit à ce foyer
ont le système inique et dur qui nous gouverne
vait failli tuer la joie ou la bannir,
our jeter, sans souçi de l'enfant à venir,
a femme au cimetière et l'homme à la caserne !

....

L'Ange Envolé.

. . . Faut-il croire ce que disaient nos pères
Que lorsqu'on meurt si jeune on est aimé des dieux?
MUSSET.

Oh! laissez-moi vous la narrer
Cette simple et touchante histoire,
Qui m'a fait bien souvent pleurer
En s'éveillant dans ma mémoire!

C'était à ce beau mois de mai,
Paré de fleurs, plein de murmure,
A ce mois tendre et parfumé
Où se réveille la nature.

On conduisait un jeune enfant
A l'église, entouré de langes,
Pour le rendre, en le baptisant,
Aussi pur que les petits anges.

Près de l'autel illuminé
Voici qu'arrive le cortége;
Et sur le front du nouveau-né,
Blanc comme les flocons de neige,

Un prêtre vient mettre le sel
De sa main vieillie et tremblante ;
Puis il épanche l'eau du ciel
Comme la rosée à la plante.

Chacun sent son cœur attendri
Et des larmes à sa paupière ;
Pour le petit être chéri
Chacun fait monter sa prière....

Soudain, comme un oiseau blessé,
L'enfant pousse un murmure étrange...
On s'empresse... il était glacé...
Il était mort, le nouvel ange !...

Venu rose de la maison,
Il alla blême au cimetière ;
Et tous ont oublié son nom,
Hormis la pauvre croix de pierre!. .

Hélas! l'hiver touche au printemps,
Et la mort touche à la naissance ;
La pauvre mère, en peu d'instants,
Va de la joie à la souffrance.

L'aube a son sourire et ses pleurs,
L'air, ses vautours et ses colombes;
Sous la verdure et sous les fleurs.
Naissent les berceaux et les tombes!

On fait souvent un linceul froid
D'un voile de fête splendide:
On construit un cercueil étroit
Avec le bois d'un berceau vide!...

Les cailloux de Mousny (en Ardennes).

LÉGENDE.

Blanches pierres, qui dans la lande,
D'après la naïve légende,
Formiez un troupeau vagabond
Dont le vent secouait la laine,
Qui donc cherchez-vous dans la plaine
En regardant du haut du mont?

C'était à l'heure où le jour tombe,
Quand le soleil cherche une tombe
Dans le nuage étincelant.
Le chien guidé par la houlette
Rassemblait la troupe complète
Autour du berger vigilant.

Soudain un vieillard qui trébuche
Au berger demande sa cruche
Tant il a soif d'un long chemin.
A l'épaule, près de la manche,
Il porte la coquille blanche
Et tient un bourdon dans la main.

C'est un pèlerin qui l'implore :
Marchant dès les feux de l'aurore
Il use ses genoux tremblants.
Pareille à la fleur épuisée
Que n'affermit pas la rosée
Penche sa tête à cheveux blancs.

Hélas! le berger dans la plaine
Vide en jurant la cruche pleine ;
Sans s'arrêter à cet affront
Il laisse le troupeau qui broute
Et jette au vieillard sur la route
Un caillou qui l'atteint au front.

Alors le pèlerin se dresse,
Et levant sa main vengeresse,
Il crie au berger endurci
Qui s'en allait vers sa chaumière :
« Meurs! puisque ton cœur est de pierre
Que ton troupeau le soit aussi! »

A l'instant où sa clameur passe,
Comme un tonnerre dans l'espace,
Berger, moutons, tombent roidis !
Les genêts perdent leurs ramures,
Et le lieu s'emplit de murmures
Comme un sépulcre de maudits !...

Car le passant au sombre oracle
Qui fit ce sinistre miracle
Etait le Seigneur Jésus-Christ
Qui s'en allait, mélancolique,
Baiser en priant la relique
Du moine Thibaut qu'il chérit.

Et depuis ce jour, dans la lande,
Eternisé par la légende,
Vous cherchez, troupeau vagabond
Dont la mort a tondu la laine,
Le vieux pèlerin dans la plaine
En regardant du haut du mont !...

Tentation.

Rien n'est sûr que l'hymen.
(Légende des siècles) V. H.

La Muse.

Mon fils ! pourquoi rêver sur le bord de ton lit
Comme au seuil d'une tombe un archange de pierre,
Sans qu'un songe léger, refermant ta paupière
Et t'effleurant de l'aile, illumine ta nuit ?
Pourquoi dans tes deux mains caches-tu ton front pâle
Où des rides déjà flétrissent ton printemps?
Pourquoi pleurer ; pourquoi regarder par instants
D'un air triste, le ciel où les astres d'opale
Font briller leurs flambeaux dans les sentiers de Dieu ?
Tu sembles envier les étoiles de feu
Et les nuages blancs dénouant leurs écharpes :
Mais n'as-tu pas un cœur que l'amour fait rêver

Et fait fondre en accords plus doux que ceux des harpes?
Ta vie est une chaîne aisée à soulever ;
Avril, paré de fleurs, dans son berceau s'éveille.
Pourquoi, ta lampe et toi, s'épuiser à la veille ?...
Ouvre tes bras! je viens, rêveuse, sur ton front
Poser ma lèvre ardente, où Musset et Byron
— Mes immortels amants, — ont suspendu leur âme :
Je suis la Muse, et j'ai la jeunesse et l'amour :
Laisse-toi fasciner par ces soleils de flamme
Qui dans l'ombre des nuits jettent l'éclat du jour.

LE JEUNE HOMME.

Muse, j'aimerais mieux te voir faible et pâlie
Dans des voiles de deuil déguisant ta beauté ;
Ce soir j'aimerais mieux que la mélancolie
T'amenât par la main vers mon cœur agité.
Est-ce un si grand bonheur, crois-tu, d'être au jeune [âge ?

LA MUSE.

Demande-le au vieillard qui pleure son passé
Dont le cher souvenir dans le présent surnage.
Il voudrait retrouver dans son vieux corps glacé
Cette sève féconde autrefois sous l'écorce,
Arbre vivace alors, aujourd'hui tronc sans force !
De sa voix défaillante il voudrait rappeler
Cet essaim vaporeux et riant de ses rêves
Que les glaces de l'âge ont fait vite envoler
Comme au souffle du vent le sable d'or des grèves !...

Le jeune homme.

Mais ceux qui vers la tombe avancent à pas lents
Ne doivent pas sur nous jeter un œil d'envie ;
Plus que mes cheveux blonds j'aime les cheveux blancs,
Je préfère l'automne au printemps de la vie,
Au soleil qui se lève un soleil qui s'endort !
La jeunesse est un bien qu'on regrette à distance,
Que le temps exagère, et que notre inconstance
Fait plus apprécier en marchant vers la mort.
Car nous avons souvent ces heures de souffrance
Où le trépas surgit comme une délivrance,
Où le front est penché dans un pénible effort,
Où l'on fouille son cœur pour y trouver des armes
Dont on puisse frapper et tuer la douleur,
Sans n'y plus rien trouver qu'un flot sombre de larmes
Où la main cherche en vain l'épave du bonheur !...

La Muse.

Dans la coupe pourquoi toujours chercher la lie ?
Pourquoi toujours penser ? Celui qui pense a tort :
Il s'attache un boulet qu'il traîne avec effort.
Vive l'indifférence humaine et la folie !
Ceux-là seuls sont contents qui fermant les deux yeux
Se jettent dans le bruit où l'on s'étourdit mieux !
Suis-donc le tourbillon de la foule frivole ;
Laisse le flot des jours fuir, plus insouciant
Que la rose qui s'ouvre ou l'oiseau qui s'envole.
Fléchis sous la douleur comme un roseau pliant.

Lorsque la nuit aura fermé ses noires ailes,
Et fait place à l'aurore empourprant l'horizon,
Abandonne l'étude et ta froide maison
Et gagne les bois verts luisant des étincelles
Que le soleil tamise à travers les rameaux.
Cherche l'amour ! C'est là le remède à tes maux :
Comme Faust emporté par un sombre génie,
Tu pourras entrevoir ta Marguerite en pleurs
Humble, filant du lin dans sa chambre bénie
Où flottent les parfums des orangers en fleurs.
Tout poëte aux rayons de l'amour doit éclore
Et mêler à son nom le nom d'une beauté ;
Dante aime Béatrix et Pétrarque aime Laure,
L'amant mène l'amante à l'immortalité !
Qu'importe si bientôt la plus ferme tendresse
Doit périr, — tant le sort a de sévérité ! —
On jette le flacon quand on a bu l'ivresse,
Quand on ne l'aime plus, on quitte la maîtresse !...

LE JEUNE HOMME.

Ah ! tu veux me tromper, Muse ! Les passions
Les plus nobles de l'âme et les plus généreuses
Y laissent tôt ou tard d'âpres déceptions ;
Et ces amours d'un jour fausses et dangereuses
Effeuillent l'arbre en fleur de nos illusions !
Elles sont pour la lèvre un enivrant breuvage
Dont on sent le parfum sans en goûter le fiel,
Mais la coupe vidée est un pesant bagage
Alourdissant notre aile ouverte aux vents du ciel !

D'ailleurs le siècle même est un juge sévère
Il condamne le fils par la voix de sa mère
Quand son cœur de vingt-ans tressaille et veut aimer.

LA MUSE.

Toi qui n'aimas jamais pourquoi donc blasphémer
Ce mot mystérieux que la nature épelle !
J'aime ! chante la brise à la rose nouvelle,
J'aime ! redit l'étoile au soleil, son amant !
La nature a poussé ce cri dès son enfance
En levant ses deux bras vers le bleu firmament
Et le répètera quand faible et sans défense
Elle ira s'engloutir dans l'éternelle nuit !
Aveugle ! tu ne peux maudire la lumière !

LE JEUNE HOMME.

O Muse ! je la cherche et toujours elle fuit !
Hélas ! je suis aveugle, et mon erreur première
C'est d'aller mendier un cœur près des passants
Qui ne s'émeuvent point de mes tristes accents !
Je suis Pygmalion enlaçant Galathée
Et ne retrouvant plus dans ses bras impuissants
Qu'un marbre froid. Je suis un nouveau Prométhée
Ayant au fond de l'âme un peu du feu divin.
Muse ! j'ai soif d'amour, j'attends et c'est en vain !
Car la réalité qui me poursuit sans trève
De sa main froide et nue a bien vite brisé
L'idéal que j'avais caressé dans mon rêve
Et que je crois voir luire à mon œil épuisé.

Je suis comme une fleur dont renaîtraient les charmes
Sous la pluie odorante ou l'éclat du soleil ;
Il faudrait à mon cœur pour sortir du sommeil
Que l'amour lui versât un sourire ou des larmes !...

La Muse.

Suis-moi, suis-moi. Je vais te rendre la gaîté ;
Tes soucis s'enfuîront au souffle de l'orgie,
Tu mettras tes chagrins sous la nappe rougie
Qui sera leur linceul ; et l'âpre volupté
T'enlaçant dans ses bras comme une fiancée
Versera ses baisers sur ton front soucieux.

Le jeune homme.

Mon cœur n'a pas d'écho pour ta voix insensée.
Tu marches dans la boue, ange tombé des cieux !
Il n'est qu'un seul amour capable sur la terre
D'apaiser cette ardeur qui brûle et nous altère,
Il n'est qu'une amitié ni qu'une affection
Dont nous vivions sans honte et sans déception,
C'est celle que l'on trouve au foyer domestique,
Dans le cœur d'une femme ayant sur les genoux
De petits enfants blonds qui forment entre nous
Avec leur bras d'ivoire une chaîne mystique !

La Muse.

Mon fils ! pardonne-moi. Le pardon est si doux.
J'ai voulu t'éprouver comme on éprouve un juste,

Voir si ta force était chancelante ou robuste,
Si Job priait encor soumis sur son fumier,
Si la blanche colombe allant vers le ramier
Tenait la branche verte à l'ombre de ses ailes.
Et j'ai vu ton esprit pensif, et captivé
Par le besoin d'aimer les choses immortelles.
Oh ! pour qu'il luise un jour cet idéal rêvé,
— Vestale agenouillée à l'autel de ton âme —
J'y garderai l'amour chaste, qui fait germer
Des fleurs dans le foyer et des fruits dans la femme,
Car l'amour c'est la vie, et l'amour c'est la flamme
Dont le flambeau d'hymen doit toujours s'allumer !...

Coucher de Soleil.

Sonnet.

Oh ! j'aime les lointains empourprés du couchant !
Le soleil disparait dans les plis des nuages,
Mais sa traînée ardente, à flots d'or s'épanchant,
Inonde les chemins qui mènent aux villages.

Où meurent les clartés, l'écho fait naître un chant :
Le vent tiède bruit. Les faucheuses volages
Pieds nus, corsage ouvert, de fleurs s'endimanchant
Suivent les chariots aux pesants attelages.

Tout s'emplit de parfums, de rhythmes et d'amour.
Alors comme un adieu mélancolique au jour
La cloche jette au loin sa lente sonnerie,

Et l'on marche en rêvant de la grande patrie
Qui s'étend par delà l'océan du ciel bleu
Où reluit le soleil comme une île de feu !..

Jean de Nivelles.

Ballade.

I.

Oyez donc le récit
Des revers que subit
Sire Jean de Nivelle,
Dont un proverbe ancien
Rapporte que le chien
S'enfuit quand on l'appelle.

Jean était un seigneur
Sans reproche et sans peur ;
A la chasse ou la guerre
Il passait tout le jour,
Heureux, sans que l'amour
Ne le tourmentât guère.

Il était beau pourtant
Sur son destrier blanc,
Avec son casque en tête,
Sa longue épée au poing,
Et son brillant pourpoint,
Les jours de grande fête.

Accoudée à sa tour
Près d'un vieux troubadour,
Plus d'une jouvencelle,
Quand il passait vainqueur,
Sentant tinter son cœur,
Jouait de la prunelle.

Mais il était de fer,
Comme un démon d'enfer
Se montrant insensible ;
Et dans tous les combats,
Pour belles ou soldats,
Il était invincible.

Voici que Godefroi,
Convoquant un tournoi,
Promet une princesse
D'une grande beauté,
Au brave ayant lutté
Avec le plus d'adresse.

Jean, fidèle à l'appel,
S'apprête au carrousel,
Et pour y bien paraître
Il prend quatre varlets,
Qui sur leurs corselets
Ont l'écusson du maître.

Il appelle son chien
Ami sûr, bon gardien,
Qui partout l'accompagne ;
Et, reluisante d'or,
La troupe, au son du cor,
Se met lors en campagne.

II.

De tous, Jean est vainqueur,
Et l'assemblée en chœur
Frémissante l'acclame.
Lui, saute de cheval
Et va, sur un signal,
Prendre sa jeune dame...

Avant qu'il ne fît nuit,
Sifflant son chien, sans bruit
Il laissa là sa troupe,
Et partit plein d'espoir
Pour gagner son manoir,
Portant sa femme en croupe.

Au fond d'un bois épais
Un chevalier français
Sur le couple s'élance :
« Lâche ! où donc as-tu pris
» Celle que je chéris ?
» En garde ! haut ta lance ! »

« — Morbleu ! foin de ton gant ! »
Répond l'air arrogant
Notre Jean de Nivelle,
« Mais toi plutôt, dis-nous
» Qui veux-tu pour époux,
» Ma gente damoiselle ? »

» — Mon galant seigneur, las !
» Ne vous en fâchez pas :
» Vous avez l'âme fière,
» Or, c'est mon fiancé
» Que j'avais délaissé
» Pour contenter mon père. »

Jean lui dit : » Allez donc,
» Vous avez mon pardon
» Car vous vous montrez franche. »
Mais voilà son rival
Qui, poussant son cheval,
Lui dit, poing sur la hanche :

« Chevalier généreux,
» Ma promise aux yeux bleus
» Te demande une grâce :
» C'est d'emmener ton chien
» Qu'elle aime déjà bien ;
» Consens de bonne grâce ! »

» — Faisons l'épreuve aussi,
» Et voyons du moins si
» Mon chien reste fidèle
» A son pauvre seigneur, »
Dit en cachant un pleur
Sire Jean de Nivelle.

Le chevalier français,
Enflé par le succès,
Croit déjà le chien traître ;
Celui-ci, comme sourd
Malgré ses appels, court
Sur les pas de son maître.

Voilà pourquoi souvent
On dit en badinant
De celui qu'on appelle
Et qui ne répond rien,
Qu'il fait comme le chien
Du bon Jean de Nivelle.

DEVANT UNE TÊTE DE MORT.

Tu n'es plus maintenant qu'un vide
pour moi, une chose odieuse. BYRON.

O crâne ! face morne ! ô néant, ô mystère !
Je voudrais te parler, et ne puis que me taire
En contemplant l'horreur de tes os vermoulus,
Epave que le temps brisa dans son reflux !
Tes yeux vides de pleurs sont comme des abîmes,
Ton front n'a plus un seul de ces éclairs sublimes
Que la pensée humaine y jetait autrefois !
Tu n'as plus de regard et tu n'as plus de voix
Mais tu sembles pourtant me fixer et me dire,
De ta bouche rongée, ouverte pour maudire,
Que l'implacable mort m'aura bientôt jeté
Dans ce moule où pour tous règne l'égalité !...

Mais qui donc étais-tu ? — Joyeuse fille brune
Aux grands yeux noirs, chantant le soir au clair de lune ?
Femme blonde, cachée à l'ombre d'un couvent ?
Guerrier au teint bronzé que la mort prit vivant
Sous son drapeau, linceul qu'avaient coupé les glaives ?
Artiste, poursuivant un fol essaim de rêves ?...
Travailleur attaché, jusqu'aux sombres lueurs
Du couchant, au sol dur qu'engraissaient ses sueurs ?

Qui le sait ? le sourire ou les larmes amères
Ont passé, sans laisser leurs traces éphémères
Sur ce crâne blanchi !... Voit-on dans le miroir
Quand la main l'a brisé ? Distingue-t-on le soir,
Sur l'étang, le reflet des clartés de l'aurore ?
Quand la fleur est flétrie embaume-t-elle encore ?

N'importe ! en te scrutant, crâne vide et béant,
Je sais bien que la mort n'ouvre pas le néant,
Et j'ai foi dans la vie éternelle et dans l'âme :
La lampe éteinte sert à me prouver la flamme !...

Les Amours de Roland.

Légende du Rhin.

à mon ami E. F.

> Ich weiss nicht was ssoll es bedeuten
> Dass ich so traurig bin ?
> Ein Märchen aus alten zeiten
> Das kommt mir nicht aus dem Sinn.
>
> H. Heine

I.

C'était fête au château d'Ermann, comte du Rhin ;
Dans la salle d'honneur règne un bruyant entrain ;
Les gardes font la haie en cercle, et les trouvères
Joignent leurs chants d'amour au choc joyeux des verres.
Sous le lustre, on s'empresse autour d'un chevalier
Au teint brun, aux yeux noirs, portant un grand collier,
Un pourpoint de velours, et des chausses de soie.
Celui qui trône ainsi dans le bruit et la joie
C'est Roland, paladin, neveu de l'Empereur.
Ermann pour le fêter et pour lui faire honneur

A mis, comme échanson, sa gente damoiselle ;
Un hanap d'or en main, elle verse avec zèle,
Douce, les cheveux blonds sur la tempe aplatis,
Les yeux rêveurs plus bleus que des myosotis !
Roland la regarda : son cœur battit plus vite,
Et, présentant la coupe à sa voix qui l'invite,
Il trembla, ce bras fort du prince féodal
Qui tenait sans faiblir l'immense Durandal
En la faisant tourner pour moissonner les têtes ;
Et sa voix, comparable au souffle des tempêtes
Dans son grand cor d'ivoire au milieu des combats,
Expira sur sa lèvre et s'éteignit tout bas
Devant cette enfant faible et pourtant formidable.

Oh! l'abîme profond et le gouffre insondable !
Roland, jamais vaincu, rencontrait son vainqueur !

Ils s'aimèrent !... L'amour, joyeux avril du cœur,
Leur donna ses chansons et ses roses nouvelles ;
Dans leur être ils sentaient comme un battement d'ailes;
La gaîté sur leur front allumait sa lueur,
Et s'ils pleuraient, c'étaient des larmes de bonheur !...
Mais, tandis qu'ils rêvaient cet éternel mystère
De cacher leur amour dans ce coin solitaire,
Comme l'aigle bâtit sur un roc sourcilleux
Son aire où ses petits naîtront plus près des cieux,
Roland fut rappelé : son oncle Charlemagne
Voulait qu'il repoussât les Maures de l'Espagne.

Il comprit son devoir ; mais son cœur se fendit
Comme un marbre frappé de la foudre ; il maudit
Sa naissance, son rang et sa gloire passée
Qui devaient le jeter loin de sa fiancée.

Quand la nuit déploya son crêpe dans le ciel,
Il la prit par la main, et vint près de l'autel
Dans la blanche chapelle où reposait sa mère.
Là, le front incliné sous sa pensée amère
Il lui dit : « Hildegonde, aimes-tu bien Roland ?
L'aimeras-tu toujours ? » — « Oui, dit-elle, en tremblant —
— « Je jure devant toi sur mon glaive et mon âme
Continua Roland, de te prendre pour femme. »
— « Moi, je me donne à vous, dit-elle, ou bien à Dieu ! »

Et l'aurore entendit leurs derniers mots d'adieu...

II.

Roland se comporta vaillamment; chaque bouche
Célébrait sa valeur, et l'ennemi farouche
Fuyait à son aspect comme un agneau sanglant
Devant un lion fauve à l'œil étincelant.
Il aimait d'autant plus bondir dans la bataille
Géant, qu'il n'avait pas de guerrier à sa taille,
Et qu'il pourrait offrir sa moisson de laurier
A sa chère Hildegonde attentive à prier !...
Mais sur son front vainqueur s'amoncelait l'orage :
Les Maures frémissant de l'éternel outrage

Qu'imprimaient à leur nom ses faits d'armes nouveaux
Lui tendirent un piége au col de Roncevaux.
Le paladin n'a pris qu'une petite escorte,
La lutte est inégale et cruelle !... N'importe !
Son épée étendit bien des morts à ses pieds,
Et les sons de son cor plaintifs, multipliés,
Courant dans les échos émus de la montagne,
Appelèrent en vain au secours Charlemagne :
Le traître Ganelon arrêta l'empereur ;
Et Roland vers le soir dans ce vallon d'horreur
Tomba sur le flanc nu d'une roche escarpée
Murmurant Hildegonde et baisant son épée !...

La France prit le deuil pour pleurer son trépas ;
Les cloches dans les airs confondirent leurs glas ;
Et tous les troubadours, par les monts et les plaines,
Allèrent soupirer aux pieds des châtelaines
La bataille suprême où succomba Roland
Et son amour brisé par ce trépas sanglant !...

III.

Sur les rives du Rhin, devant les Sept Montagnes
Quelle est cette humble vierge embrassant ses compagnes?
Pourquoi ces cris d'adieu dans le soleil levant ?
Cette barque apprêtée au bord du flot mouvant ?
Tout n'est-il pas joyeux dans la jeune nature ;
Et toi, n'est-tu pas jeune, ô fraîche créature ?

Quelle main de ton front a fait tomber les fleurs
Pour y plonger l'épine, et fait jaillir les pleurs
De tes yeux, comme l'eau qui déborde d'un vase ?
Pourquoi ce vieillard blanc que la douleur écrase
Comme s'il descendait les marches d'un tombeau
Descend-t-il la montagne où plane le corbeau ?
Voilà le vent qui souffle et l'esquif se balance,
Voguant vers Nonnenwerth au milieu du silence ;
Et dès qu'il a touché cette île aux verts abords,
La cloche du couvent, comme un tocsin des morts,
Tinte dans l'air, et mêle à sa rumeur plaintive
Les cris désespérés qui partent de la rive !...

Sonnez, cloches des morts ! Cierges, allumez-vous !
Qu'on tende en noir l'autel !... pâles sœurs à genoux !
Car cette vierge en pleurs va mourir pour le monde
Et se donner à Dieu.... priez pour Hildegonde !...

Cependant son vieux père était resté tout seul,
Drapé dans sa douleur comme dans un linceul,
N'ayant plus d'un vivant que la froide apparence
Et souhaitant la mort comme une délivrance.
Un soir un chevalier, sombre sous son manteau,
La visière abaissée, entra dans le château,
Et s'informa du comte Ermann auprès d'un garde.
Ermann vint. L'étranger le salue et regarde,
Ne le reconnaît pas, tant il a de pâleur
Et de rides, sillons que creuse la douleur !...
« Seigneur, je cherche Ermann qui m'a promis sa fille ? »

Le vieillard chancela mourant contre la grille...

Etait-ce un spectre affreux qui le raillait, bourreau !...
Mais non ! c'était Roland, Durandal au fourreau,
Qui revenait vainqueur demander sa compagne
Lui qu'on avait cru mort dans les gorges d'Espagne !...

Au matin le soleil était tout radieux !
C'est comme une ironie implacable des cieux :
Quand le cœur se resserre et que les larmes coulent,
Que les rêves déçus devant la mort s'écroulent,
L'astre allume toujours son rayonnant flambeau,
Calme, comme une lampe au-dessus d'un tombeau !...
Roland morne, blêmi, les paupières gonflées,
S'enfonça dans la sombre épaisseur des vallées,
Fuyant avec l'effroi farouche du voleur,
Pour aller y cacher aux regards son malheur.
Ensuite il arriva sur le sommet tranquille
Dominant Nonnenwerth et le couvent de l'île,
Et comme il exhalait son cri de désespoir,
Il entendit soudain dans les hymnes du soir
Un chant mélodieux flottant vers les nuées.
Les fibres de son âme en furent remuées :
C'étaient les pâles sœurs qui chantaient le salut,
Et dans toutes ces voix du cloître il reconnut
La plus harmonieuse et la plus enflammée
Celle de l'humble enfant qu'il avait tant aimée !
Roland passa la nuit dans un creux du rocher,
Implorant Dieu, buvant ses pleurs, sans se coucher.
Le lendemain, au son des cloches argentines
Les nonnes se levant, chantèrent les matines,

Et la voix d'Hildegonde au milieu de ce chœur
S'élevant pure et fraîche, atteignait jusqu'au cœur,
Comme une flèche d'or, Roland dans son asile!
La communauté sainte à midi vint dans l'île,
Joyeuse et s'ébattant comme un essaim d'oiseaux.
Une nonne s'assit près des tremblants roseaux
Sous un saule, pensive à voir s'écouler l'onde,
Et sous son voile blanc Roland vit Hildegonde!...

O fiancée offerte à l'autel du Seigneur,
Avez-vous pu trouver près de lui le bonheur?
Et son amour mystique à votre cœur qui brûle
A-t-il versé l'ivresse au fond de la cellule?
Ne regrettez-vous rien de ce monde si beau,
De ce lit nuptial qui se change en tombeau,
Et de ces chants d'amour que votre lèvre oublie
Pour prier le Seigneur avec mélancolie?...

O priez jeune fille! ô pleurez chaste sœur!
Les pleurs, fraîche rosée, ont aussi leur douceur
Quand le flot douloureux contre le cœur déferle!
Devant Dieu chaque larme est une sainte perle!...

Roland, pendant six mois, entendit ce doux chant
Dans les feux de l'aurore et l'ombre du couchant.
Pendant six mois, il vit Hildegonde tremblante
S'asseoir plus inclinée et plus hâve et plus lente
Sous le saule-pleureur, dont les cheveux épars,
Comme un manteau de deuil, pendaient de toutes parts,

Les arbres verdoyants avaient jauni. L'automne
Envoyait aux échos son râle monotone ;
Les oiseaux éprouvaient des frissons dans leur vol,
Et les feuilles des bois, tournoyant sur le sol,
A leur ronde de mort dans les champs funéraires
Paraissaient convier les maigres poitrinaires ;
Et l'hiver approchait, triste comme un aïeul,
Enveloppé de neige ainsi que d'un linceul !...

Un soir la voix manqua dans les strophes latines
Et puis le jour suivant dans le chœur des matines :
Hildegonde avait fui devant le froid hiver !...
Et Roland vit bientôt au pied du saule vert
Que le vent respectait pour qu'il veillât la tombe,
Quatre sœurs qui creusaient un nid à la colombe !...

Le lendemain dès l'aube, au milieu du brouillard,
Un prêtre en surplis blanc, sombre et tremblant vieillard
Sur lequel le soleil jetait sa lueur fausse,
Chantant un chant funèbre approcha de la fosse,
Et les nonnes suivaient dans leurs habits de deuil
Les mains jointes, versant des pleurs sur un cercueil !...

Alors on entendit dans la montagne nue,
Comme un râle, éclater une voix inconnue,
Et quelques jours après un vieux pâtre, tentant
De retrouver sa chèvre égarée en broûtant,
Gagna la haute cîme, et trouva sous l'arcade
De la tour Rolandseck, que le lierre escalade,
Le corps rigide et froid du paladin Roland !...

Voilà pourquoi l'aïeule aux blancs cheveux, filant
Auprès des enfants blonds, l'hiver, dans les veillées,
— Lorsque le vent rugit aux portes verrouillées, —
Leur conte que le Rhin pousse d'amers sanglots
En frôlant Nonnenwerth dormant parmi les flots,
Et qu'au sommet du mont que le nuage effleure
Rôde toutes les nuits un fantôme qui pleure !...

Temple et Poète.

Sonnet.

Voyez ! l'ombre s'étend sur les ailes du soir :
Le vieux temple, paré de dentelles gothiques,
S'enfonce dans la brume, et comme un spectre noir
Seul, l'aveugle gémit près des saints des portiques.

Tout est sombre, et pourtant, sous les arceaux antiques,
Dans les stalles du chœur, les prêtres vont s'asseoir ;
L'autel brille, et tressaille aux rumeurs des cantiques
Qui frôlent dans leur vol l'urne de l'encensoir !...

Toi, poète, rêvant sur les chemins des villes,
Où les doutes moqueurs et les hontes serviles
Couvrent tes rêves d'or d'un long voile de deuil,

Ton front est triste et froid comme un temple de pierre,
Mais ton cœur, pour tous ceux qui franchissent son seuil,
Est rempli de parfums, de chants et de lumière ! ..

TABLE.

CHEZ LES MÊMES ÉDITEURS
V. PALMÉ & G. LEBROCQUY.

POÉSIES :

V. Chrétien. — **Roma**, poésies catholiques. Un joli volume in-12. . . . . 1 fr.

A. Daufresne. — **Poésies et Chansons**. Deux charmants volumes in-32, renfermant plus de 300 pièces ou poèmes divers. . . . . 3 fr. 50.

Ouvrian. — **Pauvres Feuilles**, *Sous les Chênes de la Bellevaux*. Poésies variées. Un beau volume in-12, impression soignée. . . . . 3 fr.

Van Weddingen. — **Un épisode de la Fête-Dieu au Mont-Cornillon**. Récit poétique, in-8°. . . . 0 fr. 50

NOUVEAUTÉS.

P. Féval. — **Jésuites**, in-12. . . . . . 3 fr.

L. Veuillot. — **Molière et Bourdaloue**. Un vol. in-12. 3 fr.

Œuvres d'Aug. SNIEDERS.

Au Bagne. *Histoire d'un Curé de Village*. Traduction de G. Lebrocquy. Un volume in-12. . . . . . 2 fr.

Sous le Grand Hêtre, suivi de l'**Homme aux Marionnettes**. Trad. de G. Lebrocquy et Ryckmans, in-12. 2 fr.

Bonjour Philippe. Trad. de Mme L. Lebrocquy, in-12. 2 fr.

Petite Sœur des Pauvres. Trad. de G. Lebrocquy, in-12. 2 fr.

www.ingramcontent.com/pod-product-compliance
Ingram Content Group UK Ltd.
Pitfield, Milton Keynes, MK11 3LW, UK
UKHW021600260726
13993UKWH00002B/962